PAPA ist der Beste. Ich **KANN** nicht mehr ohne ihn leben! Ohne ihn bin ich **NICHTS.**

HI! MEIN NAME IST KENNY.

Ich bin stolzer Vater von Alix (3 Jahre)
und Aster (1 Jahr).
Wenn meine Freundin von der Arbeit aus
besorgt fragt, ob mit den Kindern alles okay ist,
antworte ich immer mit einem Beweisfoto.

**In diesem Buch habe ich meine
besten Bilder gesammelt.**

Ich will dir aber auch ein paar Tricks und Tipps verraten,
wie man der perfekte Papa wird.

**Vertrau mir ruhig, denn ich bin
schon seit drei Jahren Vater.
Ich weiß, wovon ich spreche!**

1.

GEBURT

VATER ZU SEIN BEGINNT

mit der Geburt deines Kindes.

Bis dahin hast du für nichts und niemanden Verantwortung, aber das ändert sich total, wenn dein erstes Kind da ist. Das klingt jetzt bestimmt total stressig, aber keine Sorge: Ich lotse dich mit wertvollen Tipps durch diese bizarre Zeit, bis du das Prädikat »**Papa**« erhältst.

Schritt 1: Relax!
Genieße die letzten ruhigen Momente.

Denn im Nullkommanichts erreicht dich der Anruf deiner Partnerin mit dem Marschbefehl Richtung Krankenhaus zur Geburt deines ersten Kindes!

Schritt 2: Vorbereitung ist alles!
Pack deine Tasche mit diesen MUST-HAVES:

- ✔ Cola light (normale Cola würde deine Partnerin konfiszieren, weil sie »chronisch unterzuckert« ist)
- ✔ bequeme Hose
- ✔ Spielkonsole
- ✔ diesem Buch
- ✔ Smartphone-Ladekabel
- ✔ Monopoly-Karte® »Du kommst aus dem Gefängnis frei«

Schritt 3: Stell sicher, dass dein Smartphone immer aufgeladen ist.

Jetzt hast du eine Ausrede, um ständig am Handy zu hängen. Nutze die Chance, um endlich das Level bei *Candy Crush* zu schaffen, in dem du schon seit Jahren feststeckst!

Schritt 4: Fahr sofort ins Krankenhaus, wenn deine Partnerin anruft.

Denn jetzt wird es wirklich ernst. Du dachtest, gegen Panik immun zu sein? Falsch gedacht! Für nüchternes Nachdenken ist keine Zeit mehr. Jetzt lautet die Botschaft: Panik.

DER ERNSTFALL IST EINGETRETEN!

Zum Glück dauert die Panikattacke nur ein paar Minuten und dann fängst du wieder an, rational zu denken.
Dein Verantwortungsgefühl kehrt zurück, und du versuchst dein Gedankenkarussell zu stoppen. Stattdessen läuft in deinem Kopf *Baby Shark* in Endlosschleife. Keine echte Hilfe!

Schritt 5: Im Krankenhaus ist deine Partnerin in guten Händen.

Ab jetzt bist du nur noch ein Statist mit hilflosem Blick.
Kein Stress. Lass es einfach geschehen. Deine Partnerin wird wahrscheinlich Fotos von dir machen, wenn du eingeschlafen bist. Die Bilder sollen beweisen, wie überflüssig du bei der Geburt warst, aber zum Glück hast du deine »Du kommst aus dem Gefängnis frei«-Monopoly-Karte® dabei.

Schritt 6:
Endlich dürft ihr in den Kreißsaal.

Der große Moment rückt näher, aber noch gibt es keinen Grund zur Panik. In jedem Zimmer gibt es einen Monitor, an dem du deine Konsole anschließen kannst.

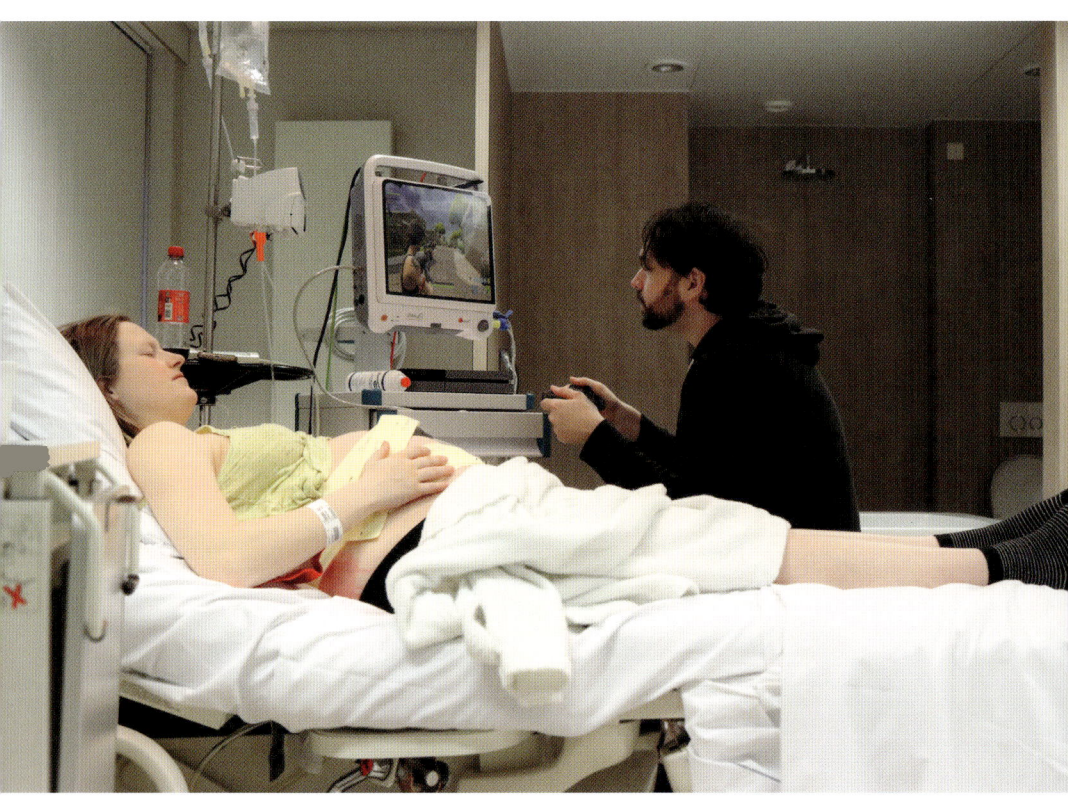

Schließlich musst du deine Nerven beruhigen und brauchst dringend Entspannung bis zur Ankunft des Babys.

Schritt 7:

DAS WAR'S!

HERZLICHEN GLÜCKWUNSCH, DU BIST PAPA!

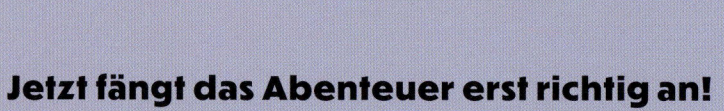

Jetzt fängt das Abenteuer erst richtig an!

2.

QUALITY TIME MIT DEINEM BABY

ES IST ENORM WICHTIG,

dass du dein Baby kennenlernst.
Teilt deshalb so viele Momente wie möglich miteinander.

Dein Kind lernt viel von dir,
aber du lernst auch viel von ihm!

Du wirst lernen müssen, Niederlagen wegzustecken.

Fördere dein Baby so oft wie möglich.

Das sorgt nämlich für eine optimale Entwicklung des Gehirns. Greifübungen und mit dem Baby sprechen eignen sich perfekt, genauso wie Matheaufgaben.

Eine chillige Radtour

ist optimal für gemeinsame Zeit an der frischen Luft.

Und mach öfter mal einen spontanen Spaziergang
mit deinem Kind.

So entdeckt ihr gemeinsam ganz neue
und ganz spannende Orte.

Nicht vergessen: Sicherheit geht über alles.

3.

ESSEN UND TRINKEN

BABYS BRAUCHEN VIEL FLÜSSIGKEIT.

Sorge also dafür, dass dein Baby immer etwas zu trinken hat. Geh mit gutem Beispiel voran, damit dein Baby trinken lernt.

Merke dir, dass Babys kein Limit kennen!

Ein Baby braucht Hilfe beim Trinken.

Halte deshalb sein Fläschchen.
Versuche zum richtigen Fläschchen zu greifen.

Vergiss aber bitte nicht:

Was reinkommt, kommt auch wieder RAUS!

Du kannst dich allerdings vorbereiten.

Ab dem 6. Monat

ist dein Baby meist bereit für sein erstes warmes
Happa happa. Aber du darfst ihm ruhig schon früher
eine Kostprobe geben.

Denn ehe man sich's versieht, bereitet der Zwerg
sein Essen selbst zu.
**Fördere diese frühkindliche
Kulinarik unbedingt.**

Wenn du deinem Kind das Grillen überlässt: AUFPASSEN!

Es könnte die besten Stücke für sich behalten.

Manchmal wird dein Kind das Gefühl haben, nicht weiterzukommen, aber das ist okay. Alles hängt einfach von den Entscheidungen ab, die du als Papa triffst.

SOLL ICH MIR NUN DIE LIMO HOLEN? ODER DOCH LIEBER ALIX?

Das Leben ist manchmal hart, wenn man nur Kleingeld für eine einzige Option hat.

Pfannkuchen sind ein guter Start,

wenn du glaubst, dass dein Kind noch kein komplettes Gericht schafft.

Und für einen kleinen Nachtisch ist auch noch Platz!

Aber noch wichtiger: Lern erst einmal selbst kochen!

4.

ORDNUNG UND SAUBERKEIT

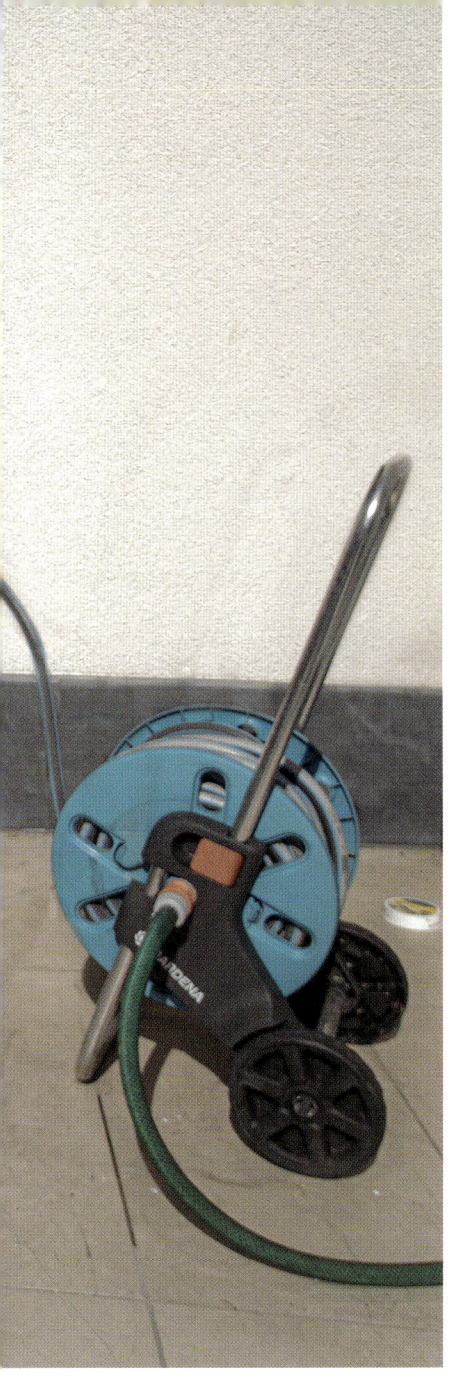

KINDER WERDEN SEHR SCHNELL SCHMUTZIG.

Deshalb ist es wichtig, dass du sie in deine Putzroutine einbeziehst.

Die kleinen Ausbrecherkönige drinnen zu behalten, ist vollkommen zwecklos. Die gute Nachricht aber ist, dass sie immer zurückkommen: meistens dreckig und mit Löchern in den Klamotten.

In solch einem Fall spart dir der Gartenschlauch eine Menge Zeit. Aber mach das bitte nicht im Winter! Auch ein Gartenschlauch braucht seinen Winterschlaf.

Und mach bitte nicht den gleichen Fehler,

den ich gemacht habe: Ein Trockner ist NICHT
die beste Methode, um dein Baby abzutrocknen.

Für ein pitschnasses Baby

reicht die gute altmodische Art: 45 Minuten am
Wäscheständer. Mit Windel sind es 60 Minuten.

Spülen ist eine der nervigsten Aufgaben im Haushalt.

Beziehe dein Kind deshalb frühzeitig beim Spülen ein.

Aber übe erst den Unterschied zwischen schmutzigem Geschirr
und Papas Sachen.

5 LEARNINGS AUS MEINEM ERSTEN JAHR ALS PAPA

1.

Du benutzt automatisch Kindersprache
in normalen Gesprächen.
Und ja, das wird maximal peinlich.

2.

Ein Babysitter setzt sich nicht wirklich auf ein Baby.
Einen Babysitter braucht man für was Anderes.

3.

Ein Baby zum Einschlafen zu bringen, ist so
kraftraubend wie ein Marathonlauf.

4.

Alleine einkaufen wird zum Urlaub.

5.

Kinder manipulieren die Zeit.
Sie machen die Tage kürzer und die Nächte länger.

Kinder machen alles kaputt.

Und wenn sie etwas kaputt machen, werfen sie immer deinen heißgeliebten Gin auf den Boden.

Lass deine Kinder deshalb niemals aus den Augen! Guter Gin kostet eine Menge Geld.

5.

ENTERTAINMENT

VIELLEICHT DIE WICHTIGSTE AUFGABE ALS PAPA:

mit deinen Kindern
SPIELEN

und sie
BESCHÄFTIGEN.

Geht zusammen auf den Spielplatz
und genießt jeden schönen
Moment. Macht aus jedem Tag ein
Abenteuer mit neuen, spielerischen
Herausforderungen.
Das sind die Momente, an die
sich deine Kinder erinnern werden.

Auch Ausflüge mit atemberaubender Aussicht

sind mit Kindern machbar. Vergiss aber nicht, deine Kinder
rechtzeitig anzugurten.

Nimm dich am Meer in Acht vor Möwen, denn sie sind
für ihre Raffsucht bekannt.
Am liebsten klauen sie Eis, Strandlaken und Babys.
Behalte dein **EIS** also gut im Auge.

Aber auch Zeit drinnen kann Spaß machen

und zur Quality Time mit deinem Baby werden:
DEIN Lieblingsfilm eignet sich dafür perfekt.

Nimm deine Kinder unbedingt

auch auf rasante Fahrten mit.

Lass deine Kinder auch die kleinen Dinge des Lebens genießen. Die meisten Hotels bieten eine gemütliche Lounge-Bar, in der man gemeinsam **relaxen** und etwas Feines **bestellen** kann.

Pass gut auf, wenn du mit deinen Kindern am Greifer spielst.

Es wäre nicht das erste und bestimmt nicht das letzte Mal, dass ein Kind kreativ wird, um etwas zu gewinnen.

Dein Kind anschließend wieder zurückzugewinnen, kann dann zu einer echten Challenge werden.

6.

HOBBYS

HOBBYS SIND FÜR DIE ENTWICKLUNG DER FEINMOTORIK DEINER KINDER SEHR WICHTIG.

Fördere deine Kinder deshalb so früh wie möglich und teste, was ihnen gefällt.

Und vielleicht hast du bei der Gelegenheit auch etwas Zeit
für deine eigenen Hobbys. Musik eignet sich hervorragend,
um die Kreativität deines Kindes zu wecken.
Man kann nie früh genug anfangen!

Dreh die Lautstärke voll auf.

#thisiskavka

Musik muss man fühlen.

Die meisten Bowlingkugeln

sind zwar größer als Babys, aber jeder fängt mal klein an.

Lass deine Kinder an deinen Hobbys teilhaben!

Wahrscheinlich werden sie die Spielregeln ändern,
aber Hauptsache, ihr habt Spaß.
Oder etwa nicht?

Alle kennen wohl das englische Sprichwort:
»An apple a day keeps the doctor away.«

(Vielleicht nicht in diesem Fall ...)

5 WEITERE LEARNINGS ALS PAPA

1.

Nimm immer ein extra Outfit für dein Baby mit.
Noch besser: Nimm gleich auch ein extra Outfit
für dich selbst mit.

2.

Deine ultimative Strategie für die nächsten Jahre:
»Frag Mama«.

3.

Kindererziehung ist vergleichbar mit dem Aufbau
von IKEA-Möbeln.

4.

Allerdings hat jemand hat die Anleitung verschludert ...
Wenn deine Kinder auf einmal über deine Witze lachen,
weißt du, dass sie etwas von dir wollen.

5.

Du kannst dein Kind beeindrucken,
wenn du sein Spielzeug durch das Einlegen
von Batterien »reparierst«.

IM
HAUSHALT
HELFEN

AB EINEM GEWISSEN ALTER KÖNNEN KINDER IM HAUSHALT MITHELFEN

und dir damit das Leben ein wenig leichter machen, auch wenn die meisten Leute denken, dass Kinder erst ab acht Jahren eine Hilfe sein können.

Für eine effiziente Putzroutine solltest du deine Kinder deshalb so früh wie möglich einbinden. Es ist sehr wichtig, den Kleinen beizubringen, wie man richtig aufräumt, denn irgendjemand muss es ja tun.

Ein Saugroboter kann die Hausarbeit ein wenig erträglicher machen.

Und zudem ein nettes Spielzeug sein!

Ich sage nicht, dass alle Aufgaben perfekt ausgeführt werden müssen. Beim Bügeln zum Beispiel kann man den ein oder anderen Fehler ruhig durchgehen lassen.

Die Reinigung der Fassade und Dachrinne gehört zu den nervigsten Aufgaben.

**Zum Glück
wollen Kinder
immer helfen.**

8.

HEIMWERKEN UND DIY-PROJEKTE

SOBALD MAN VATER IST, HÖREN HEIMPROJEKTE NICHT MEHR AUF.

Alles zu bewältigen, gleicht einer Mammutaufgabe.
Deshalb wäre es doch ideal, deine Kinder ins Heimwerken
einzubeziehen, oder?

So lernen sie etwas fürs Leben und du selbst hast etwas mehr FREIZEIT.

Anstreichen ist eine einfache Arbeit, die schon Babys erledigen können.

Tipp: Such ein Outfit im gleichen Farbton aus.

Dann merkt Mama nichts.

Vielleicht ist Schweißen für Kinder noch zu knifflig,

aber sie können ruhig zuschauen und dabei lernen.

Gartenarbeit kostet meistens sehr viel Zeit.
Dabei kannst du also definitiv jede helfende Hand gebrauchen.
**Aber es ist auch eine geniale Ausrede,
um Zeit im Freien zu verbringen und mit
coolen Werkzeugen zu spielen.**

Manchmal muss man schweres Gerät auffahren,

um alle Ecken im Garten zu erreichen.

Schrauben am Auto klingt kompliziert,

aber es ist alles nur eine Frage des richtigen Werkzeugs und der richtigen Einstellung.

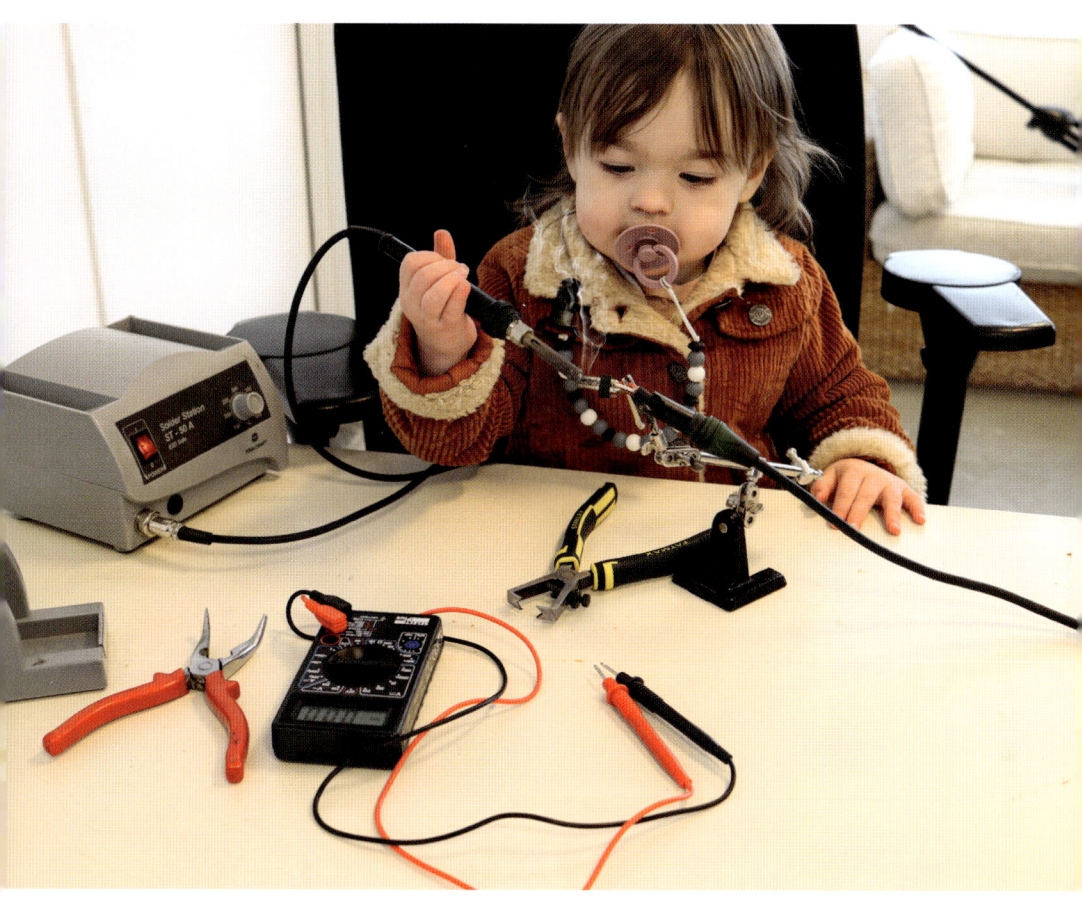

Beim Löten kann man optimal die Feinmotorik trainieren.

ECHTE TIPPS

Gib deinem Kind das Gefühl, dass du auch von ihm
lernst. Wahrscheinlich ist das auch der Fall,
und zwar mehr, als du manchmal denkst.

Sei nicht nur ein Papa.
Sei der beste Freund deines Kindes.

Biete deinen Kindern immer Optionen.
»Möchtest du zuerst deine Jacke anziehen oder
deine Schuhe?« So lenkst du gekonnt
von einem »Nein« als Antwort ab.

Ein Kind zu erziehen ist einfacher, als einen
Erwachsenen umzuerziehen.
Wähle deshalb deine Worte weise.

Wenn dein Kind hinfällt und ihr habt keinen Blickkontakt,
verkraftet es Stürze besser.

9.

KOMMUNIKATION

KOMMUNIKATION IST DAS A UND O.

Deshalb ist es wichtig, dass du mit deinen Kindern kommunizierst, aber auch die Menschen in deinem Umfeld nicht vergisst. Und Sozialkompetenz ist ein wichtiger Aspekt im Leben von Kindern. Sie müssen lernen, wie man Freundschaften schließt und Menschen einschätzt.

Es gibt viele Tipps und Tricks, wie du deinen Kindern korrekte Kommunikation und gutes Sprechen beibringen kannst. Neue Wörter zu lernen macht immer Spaß.

Also hilf ihnen, Sätze zu bilden und ihren Wortschatz zu erweitern. Ehe man sich's versieht, beginnen sie Gespräche und drücken sich klar und deutlich aus. Kinder sind vor allem empfänglich für Wörter, die du häufig benutzt. Achte also darauf, welche Wörter du verwendest, denn dein Kind soll auch lernen, sie zu schreiben.

Haustiere sind optimal, um Kindern beizubringen, wie man sich mitteilt und um andere kümmert.

Wir haben die Katze auf diesem Bild an einem Teich in der Nachbarschaft gefunden. Das Kätzchen war hungrig und schon fast am Erfrieren, also haben wir es mit nach Hause genommen.

Mama war entsetzt und schrie:

»Das ist doch keine Hauskatze!«

Doch ehrlich gesagt war uns die Rasse des Kätzchens total egal. Wir wollten ihm nur ein warmes Zuhause bieten.

Kindergeburtstag!

Der perfekte Moment, um
Freunde einzuladen und
mit Luftballons zu spielen.

10.

GESCHWISTERCHEN

ES IST SPANNEND,

wenn dein älteres Kind zum ersten Mal auf sein neues Geschwisterchen trifft. Die Reaktionen können so unterschiedlich wie Kinder selbst sein:

Reaktion 1: Dein älteres Kind könnte versuchen, euren Neuzugang zu verkaufen.

Behalte Kleinanzeigen und Online-Flohmärkte gut im Auge.

»Diese Preise sind aber ein bisschen übertrieben, oder?
Wer zahlt denn 50 Euro für einen Bären?!«

Reaktion 2: Dein Kind sucht nach originellen Wegen, um sein Geschwisterchen verschwinden zu lassen.

Ein paar Zweige und Kerzen. Mehr braucht es nicht.
»Es muss doch irgendwo einen Geist geben, der sich
für meine kleine Schwester interessiert?«

»Irgendwann muss sie doch lernen,
wie man die Klospülung benutzt.«

»Wer hat den Fernseher dahingestellt?!«

»Ein bisschen
Licht hat noch
niemandem
geschadet.
Nur ein
bisschen
verstrahlt ...«

Reaktion 3: Dein älteres Kind akzeptiert schließlich das neue Familienmitglied.

Vielleicht nicht direkt von Anfang an, aber irgendwann werden sich deine Kinder vertragen. Sie spielen zusammen und erleben gemeinsame Abenteuer. Im besten Fall sind sie dabei vorsichtig. Aber na ja ... Man kann natürlich nicht alles haben.

»Mal schauen, ob meine neue Schwester wie ein Flummi springt.«

Zeige deinem Kind immer, wer beim **Grillen** das Sagen hat!
Andernfalls **grillt** es selbst.

Sorge immer für genügend Papier zum Malen.

Kinder sind sehr kreativ ...
sich neue Verletzungsmethoden auszudenken.

UND JETZT IST ES ZEIT FÜR EINEN WOHLVERDIENTEN URLAUB.

VIELEN LIEBEN DANK UND BIS BALD!

© 2022, Lannoo Publishers. For the original edition.
Original title: On Adventure with Dad. Vader zijn is kinderspel.
Translated from the Dutch language.
www.lannoo.com

1. Auflage 2024
– Deutsche Originalausgabe –
© 2024 Lappan Verlag in der Carlsen Verlag GmbH,
Oldenburg/Hamburg
ISBN 978-3-8303-6438-2

Text und Fotografien: Kenny Deuss
Übersetzung: Stephanie Wloch
Lektorat: Jessica Link
Layout und Herstellung: Ralf Wagner

FOLGT UNS! facebook.com/lappanverlag
Instagram.com/lappanverlag
w w w . l a p p a n . d e
www.lappankalender.de

MIX
Papier | Fördert
gute Waldnutzung
FSC® C002795

Wir produzieren
nachhaltig
• Klimaneutrales Produkt
• Papiere aus nachhaltigen
  und kontrollierten Quellen
• Hergestellt in Europa